求善人斯可行純王之道以坐致太平雍熙之至
治也朕因讀書而有得焉乃述此以自勖云
人有此心萬理咸具體而行之惟德是據敬焉一
焉所當先務匪一弗純匪敬弗聚元后奉天長此
萬天發政施仁期保鴻圖敬怠純駁應驗頓殊徵
諸天人如鼓答桴朕荷天眷爲民之主德或不類
以爲大懼惟敬惟一執之甚固畏天勤民不遑寧
處曰敬惟何怠荒必除郊則恭誠廟則孝趨肅於
明廷慎於閒居省躬察咎儆戒無虞曰一維何純

乎天理弗參以三弗二以二行顧其言終如其始
靜虛無欲日新不已聖賢法言備見諸經我其究
之擇善必精左右輔弼貴於忠貞我其任之鑒别
必明斯之謂一斯之謂敬君德既修萬邦則正天
親民懷承延厥慶光前垂後綿衍蕃盛咨爾諸侯
卿與大夫以至士庶一遵斯謨主敬協一罔敢或
渝以保祿位以完其軀古有盤銘目接心警湯敬
日躋一德受命朕爲斯箴拳拳希聖庶幾湯孫以
於嘉靖

文苑

邑人劉勅撰

文章載道之大經也

聖謨洋洋宣揚政教固治象因之以明歸文人之筆爲詞賦爲箴頌爲傳記爲奏議體裁不一皆以闡揚命稽天人觀世運繫民風不朽盛事也故有關

國政者士書仕歷遊歷產歷諸賢靡不臚列演傳譯經採儒宗之源委雕龍繡虎登騷雅之坫壇識大識小亦汚隆損益所資以文章飾吏治者可曰詞章末技也而忽諸

御製

敬一箴

夫敬者存其心而不忽之謂也敬一者純乎理而不雜之謂也蓋位爲元后受天付託一言一動一政一令實理亂安危所係若此心忽而不敬則此德豈能純而不雜哉故必競惕畏慎惟敬是持從一是誠所以盡爲天子之職朕以沖人纘承丕緒自諒寡昧勉而行之欲盡持敬之功以馴致乎一德其先務又在虛心寡欲驅除邪逸信任耆德敷

臥碑

禮部欽依出榜曉示郡邑學校生員爲建言事理

本部照得學校之設本欲教民爲善其良家子弟入學必志在薰陶德性以成賢人近年以來諸府州縣生員父母有失家教之方不以尊師學業爲重保身惜行爲先方知行文之意恥視師長把持有司恣行私事少有不從即以虛詞徑赴

京師以惑

聖聽或又暗地教唆他人爲詞者有之似此之徒縱

使學成文章後將何用況爲人必不久同人世何也盖先根殺身之禍於身豈有長生善終之道所以不得其善終者事不爲已而訐人過失代人報仇排陷有司此志一行不止於殺身未知止也出榜之後良家子弟歸受父母之訓出聽師長之傳志在精通聖賢之道務必成賢外事雖人有干於已不爲大害亦置之不忿固性含情以拘其心待道成而行行豈不賢人者歟所有事理條列于後

一今後府州縣學生員若有大事干於家已者許

父兄弟姪具狀入官辯別若非大事含情忍性毋輕至公門

一生員之家父母賢志者少愚癡者多其父母賢志者子自外入必有家教之方子當受而無違斯孝行矣何愁不賢者哉其父母愚癡者作爲多非子既讀書得聖賢知覺雖不精通實愚癡父母之幸獨生是子若父母欲行非爲子自外入或就内知則當再三懇告雖父母不從致身將及死地必欲告之使不陷父母於危亡斯孝行矣

一軍民一切利病並不許生員建言果有軍民一切利病之事許當該有司在野賢人有志壯士質朴農夫商賈技藝皆可言之諸人毋得阻當惟生員不許

一生員内有學優才贍深明治體果治何經精通透徹年及三十願出仕者許敷陳王道講論治化述作文辭呈禀本學教官考其所作果通性理連遷其名具呈提調正官然後親齎赴

京奏
聞再行面試如是眞才實學不待選舉即時錄用

一為學之道自當尊敬先生凡有疑問及聽講論皆須誠心聽受若先生講解未明亦當從容再問毋恃己長妄行辯難或置之不問有如此者終世不成

一為師長者當體先賢之道竭忠教訓以導愚蒙勤考其課撫善懲惡毋致懈惰

一提調正官務在常加考較其有敦厚勤敏撫以進學懈怠不律愚頑狡詐以罪斥去使在學者皆為良善斯為稱職矣

一在野賢人君子果能練達治體敷陳王道有關政治得失軍民利病者許赴所在有司告給文引親齎赴
京司
奏如果可采即便施行不許坐家實封入遞

一民間凡有冤抑干於自己及官吏賣富差貧重科厚斂巧取民財等事許受害之人將實情自

下而上陳告毋得越訴非干自已者不許及假
以建言爲由坐家實封者前件如已依法陳告
當該府州縣布政司按察司不爲受理及聽斷
不公仍前寃枉者方許赴
京伸訴
一江西兩浙江東人民多有事不干已代人陳告
者今後如有此等之人治以重罪若果鄰近親
戚人民全家被人殘害無人伸訴者方許
一各處斷發充軍及安置人數不許建言其所管
衛所官員毋得容許一若十惡之事有干

朝政實跡可驗者許諸人密竊赴
京面
奏
一前件事理仰一一講解遵守如有不遵並以違
制論
一欽奉
勅旨榜文到日所在有司即便命匠置立臥碑依式
鐫勒於石永爲遵守

山東鄉試錄序　　明王守仁撰

山東古齊魯宋衛之地而吾夫子之鄉也嘗謂夫子家語其門人高弟大抵皆出於齊魯宋衛閒固願一至其地以觀其山川靈秀其特將必有如古人者生其間而吾無從得之也今年爲洪治甲子天下當復大比山東巡按監察御史陸稱及其左布政使曹元按察使戈瑄輩以禮與幣來請守仁爲考試官故事司考校者惟務得人初不限以職任其後歷四十年來始皆盡用學職遂致應名取具事歸外簾而糊名易書之意微自頓言者頗以爲不便大臣上其議

天子曰然其如故事於是聘禮考校盡如國初之舊而守仁得以部屬來與試事於玆土雖非其人寧不自慶其遭遇又况夫子之鄉固其平日所願一至焉者而乃得以盡觀其所謂賢士者之文而考校之豈非平生之大幸與雖然亦竊有大懼焉夫委重於考校將以求才也求才而心有不盡是不

忠也心之盡矣而真才之弗得是弗明也不忠之責吾知盡吾心爾已不明之罪吾終且奈何哉蓋昔者夫子之時及門之士嘗三千矣身通六藝者七十餘人其尤卓然而顯者得行言語則有顏閔予賜之徒政事文學則有由求游夏之屬今所取士其始拔自提學副使陳鎬者蓋三千有奇而得千有四百既而試之得七十有五人焉嗚呼是三千有奇者其皆夫子鄉人之後選而獲游於門牆者乎是七十有五人者其皆身通六藝者乎其亦有卓然而顯如顏閔游夏之徒者乎夫今之山東猶古之山東也雖今之不逮乎古顧亦寧無一二人如昔賢者今之所取苟不與焉豈非司考校者不明之罪與雖然守仁於諸士亦願有言焉夫有其人而弗取是誠司考校者不明之罪矣司考校者以是求之以是取之而諸士之中苟無其人焉以應其求以不負其所取是亦諸士者之恥也雖然予豈敢謂果無其人哉夫子嘗曰魯無君子者斯焉取斯顏淵曰舜何人也予何人也有爲者亦

若是夫爲夫子之鄉人苟未能如其人焉而不恥不若又不知所以自勉是自暴自棄也其名曰不肖夫不肖之與不明其相去何遠乎然則旬考校者之與諸士亦均有責焉耳矣嗟夫司考校者之責自今不能以無懼而不可以有爲矣若夫諸士之責其不能者猶可以自勉而又懼其或以自晝也諸士無亦曰吾其勗哉無使考校者終不免於不明也斯無愧于是舉無愧于夫子之鄉人也夫

雜詩石刻序

宋曾　鞏撰

齊古爲文學之國然亦以朋比誇詐見於世俗今其地富饒而介于海岱之間故又多獄訟而豪猾羣黨亦往往喜相攻剽賊殺於時號難治余之疲駑來爲此州除其姦強而振其弛壞去其疾苦而撫其善良未期囹圄多空而枹鼓幾熄歲又連熟州以無事故得與其士大夫及四方之賓客以其暇日時遊後園或長軒遠榭登覽之觀屬思千里或芙蕖芰荷湖波渺然從舟上下雖病不飲酒而閒爲小詩以娛情寫物亦拙者之適也通儒大人

或與余有舊欲取而視之亦不能隱而青鄆二學士又從而和之士之喜文辭者亦繼爲此作總之凡若干篇豈得以余文之陋而使夫宗工秀人雄放塊絶可喜之辭不大傳於此邪也故刻之石而并序之使覽者得詳焉

濟南七十二泉詩序　　明憲僉晏璧撰

有此天地即有此山川山爲地之形勢水爲地之脉絡皆扶輿淸淑之氣所鍾和順積中英華發外子在川上曰逝者如斯孟子曰源泉混混諭道體

也文人才子適興而詠歌之者宜哉且濟南爲譚子國附庸於齊南距泰山百餘里郡東南三十里爲龍洞巖穴外阻而中豁徑路斗折而蛇行多産石幽泉能出雲氣作雷雨泉脉環城内外凡七十有二曰趵突曰玉環曰珍珠曰漱玉曰醴泉曰甘露曰金線曰客腈曰白龍曰黑虎曰芙蓉曰柳絮曰金泓曰用公曰孝感曰無憂曰洗鉢曰濯纓曰虞舜耕于歷山故濟南以歷城名邑有虞舜祠東坡先生書歐陽文忠公舜泉詩刻于石予永樂二年

持憲節來濟南休沐之暇與大夫君子升高眺遠凝眸而挹山色洗耳以聽泉流綺縃綉錯黛蓄膏渟誠中州之奇觀也抑天造而地設豈人力所能爲哉昔柳子厚嘗記柳永二州山水惟造物者不爲之于中州而列于夷狄使千萬年不得一售其技是固勞而無用于神者今濟南環城不一舍許而七十二泉獻秀呈奇是造物者爲之于中州使千百年不得一售其技亦勞而無用于神者予故取而詠之惜無柳子之才足以發揚山川之勝詩成濟南太守太原楊有濬請鋟梓以傳且賀曰斯泉也閱古今而不能售詩而詠之是泉之遭也予遂書之以附郡志云

題七十二泉詩後序

明知府楊渙撰

孔子曰仁者樂山知者樂水仁者静知者動故仁知之君子必有取於山水者焉夫樂之得於心而動静各極其妙也古人之樂山水者多矣獨唐柳宗元以罪謫永州後移於柳雖遭僇辱而好爲山水之遊凡二州之清勝無不遊焉無不記述故歷

千百年之久讀柳子之文知二州山水之勝也夫天下之佳山水多矣而柳永二州獨藉柳子以名聞非山水之幸也予聞濟南多佳山水若岱岳之尊天下共知之而七十二泉之勝或聞其槩而未悉山東僉憲晏公負能詩之名而樂濟南山水之勝取山東七十二泉次第以詠之所謂咳唾珠璣今人傳永不瑕置予忝是邦用繡諸梓庶斯泉為不朽云

題七十二泉序

明運使王敬撰

予家河南與山東為唇齒之郡聞濟南七十二泉之勝心竊慕之而不得以寓目也邇膺
朝命來掌山東鹺司日與二三君子沿溪臨流觀斯泉也或聯如貫珠或潔如漱玉可以清吾心可以洗吾耳於是詠滄浪孺子之歌但覺世慮都忘神情超爽欲形之歌詠而才思羞澁無好語以驚人作而復輟山東僉憲盧陵晏猪古先生凌雲之才思以詩名於時濟南太守太原楊有溶君請而詠之詩成示而讀之格調清新膾炙人口誠所謂詩

與景稱景藹詩傳七十二泉爲不朽矣不揆膚陋題其後云耳

歷下十六景序

明睢陽陳陞撰

雅是丈夫遐陟遠舉逍遥偃傲不齷齪與焉問故韓昌黎殷慄於華山之巔程明道登第請註鄠簿以畢太華之願眞達人之大觀也予雅好泉石歷下名勝常形夢寐迨握般甬之符日執手板僕僕腥塵欲一登臨游覽未遑也治歷久之案牘稍淸時從一二縉紳名山勝水福地洞天無不縱目余

嘆曰盛哉杭潁汝陰之西湖洪蜀永之西山嘉之峨嵋巴陵岳陽之樓黃之臨皐金陵之賞心白鷺楊之平山吳之蘇臺茂苑荆楚之雲夢郢之白雪滁之瑯琊九江之庾樓未兹過矣先民標爲八景掛漏之見不爲勝地所揶揄耶劉五雲先生乃取先生未探之奇與夫新增之勝標爲十六景各爲詩傳示余余曰邑無乘是過半矣復援古今諸名公所爲詩次第之亦謬以厖全附其間統付剞劂嗚呼海田陵谷代有變遷時和物阜桑井亦太平

之觀財盡民窮山川皆黯淡之色故李格非以爲園圃之盛衰卜洛陽之興廢也豈無見哉興言至此抑可永懐後之君子覩是集而有感焉可以興矣無第曰景物撩人探奇選勝拚一醉於湖山云耳

歷下十六景後序

邑人劉勅撰

士生斯世不載扶宇宙則點綴河山假使啾啾蓬底如草際吟蟲不足語天地之大矣故昔人云交盡天下好人讀盡天下好書看盡天下好山水夫

通都大邑遐陬窮壤自巖竇以及嶽鎮之大自泉之涓涓以至江海之滉瀁即飛雲迅鳥窮百年之力亦不能涉其半第身之所經聊一逍遥咏嘯足矣雖然名山勝水古蹟名亭聊以供咏嘯士生其間謂何於是取歷下奇偉雄麗之地標爲十六景而各爲詩傳以藻飾之盖不遂載扶之願故作點綴事已耳一日出示邑大夫晋卿晋卿曰邑無乘聞歷有八景茫然未辨其址今睹此皆犂然掌股間願梓之以爲觀風之助迺命李文學應聘登高

履蹬捫蘿攀垣盡攷古今所吟詠者付余次第之嗚乎詩亦難言采取雖多瑕瑜相半不佞亦聊效刪詩之意或以人存而不計其詩或以詩存而不計其人其間不無竄削蓋欲爲忠臣而知我罪我弗辭也亡何成邑大夫亦出所爲詩附其中授梓青氏夫景自天開物繇人重是集出卧遊者得識其未探之奇而不薄歷下爲常觀不亦足爲此地一吐氣耶如謂何物劉生乃敢妄意點綴妄意竄削則余廿首事之罪矣

李滄溟集序

明睢陽陳陛撰

明興詩文之業自北地生稍稍振起而濟南江右兩先生遞爲桓文人不得而左右之乃江左則以大海迴瀾自道至其語濟南則曰天際峨嵋峨嵋之高蟠於四極江左蓋逡巡不敢當濟南矣説者謂江左可蹴高天而俯峨嵋使天假濟南以年安知不並蹴高天哉濟南之奇絕獨矣余未燥髮家給事郎爲余言濟南先生政值下韓時未得擔簦出先生門下而竊緐常在海岱間比釋褐出宰犁

丘竊以近先生之居自青無何謂歷下又得式先生之廬而惜不留先生於今日也余時從搢紳先生詢先生僉歎之曰先生之業墟矣先生之子若孫且蕭然盡矣則先生之澤所藉以不斬者僅僅紙上遺唾耳任其昏蝕而不爲之計令也謂何奈歷下省會地一切處於大吏不敢首事且天不雨金奚措哉迺三年於此寸積銖累貸錢欲盈鉢矣余曰若長物不敢入橐中裝可爲李先生竣是役也劉五雲素津津嗜先生不休乃毅然襄其事開局鳩工八閱月而始成雖未敢窺削其間而庶之乎無忝脩矣此集出峨嵋積雪崒然天際固盍見濟南之奇絕哉高山大海不並流時於天壤間乎余持一編拉五雲同告之先生之墓曰嗚乎先生之澤其不斬也夫

題李滄溟集序

邑人劉敕撰

近世七子砰隱有聲遭之者人馬辟數十里而吾黨于鱗先生遂橫行中原稱景勝焉東海屠長卿則方之揚波走石方之危峯峭壁又方之濁浪崩

雲大都謂于鱗過奇耳于鱗信奇藉令不奇則世將奴隸之曰此拾人腳汗者耳胡盧不暇奚以立不朽之林哉故商彝周鼎秦甕漢尊人人共寶之非以奇乎姑無論先民鴻製如盤庚檀弓莊騷諸篇然子雲好奇言必険務警語局常不嘔心自見也于鱗生而役僕百家睚眦千古書非先秦兩漢不讀非言古昔先王不稱故片語出而人人自廢元美謂其爲天際峨嵋固奇之耳余嘗按集讀之其爲文則包羅左國出入楊馬鞭箠褒雄其爲詩則練格漢魏借材六朝登壇李杜雖語語不落人口吻而非艱棘不可以讀爲揚沙走石乎而不乏和風惠日也爲危峰峭壁乎而不乏平原曠野也爲濁浪崩雲乎而不乏平波展鏡也長卿好奇而復奇于鱗奇于鱗政其不能爲于鱗者耳語有之乍見者駭習見者厭使于鱗不奇世亦不奇于鱗矣晉卿大夫爲于鱗梓是集固奇于鱗也亦以爲于鱗存奇也

瑾芝之序　　明方伯董元學撰

萬曆己酉春五雲先生以王太君讀禮塚舍是秋家園池柳忽誕三芝越春誕卯秋迨秋誕如春同根各莖皆紫金色其大如巵闔者異之搢紳大夫爲詩賀者百計士民商賈持斗酒疏肩屬文賀者千計遐邇老稚扶筇徃見爲歌賀者不可億計僉日人子事親生死異視捐舘未幾輒委荒郊伏臘罔念祀事弗脩脩則榛滿地白草亂生蕭然一邱莫識其主嗟嗟大可哀矣五雲骨立襄事結茅墓側百揖築脩廬標冢思狄雲湛涙孺慕銘心曉暮焚香人禮都廢狐狸月冷松楸雲低鬼火啼猿相半三載惟是天鑒苦心誕茲奇瑞其賈循張九齡輩再見耶嗚呼此亦知其一未知其二矣世傳一舉欲盈志體篤言養親志存温飽親老倚閭絶裾不顧執訣無從衾斂弗視徒跣言歸親骨已冷而五雲不然毀髫討借九蹶弗仕戀戀高堂半蔬跪進疾病少侵籲天請代此其情千萬人不知而天知也世薄骨肉兄弟參商相競相傾以慧父母親心弗順交唇相譏椿萱既凋棠棣頓謝撫膺疚心追

悔無及而五雲不然脊以本業資以生計疾苦婚
嫁先意周旋推食解衣倒篋不顧此其情千萬人
不知而天知也世惡檢押恣睢謔浪爲大人憂損
人封己瘠民澤身行敗名隨體虧親辱方圓克溢
親食不甘而五雲不然筆耕硯食黃金賣賦山琛
海錯務克下陳佳麗爽闓以娛親志此其情千萬
人不知而天知也五雲之格天蓋不獨在居廬之
日而在養生之年哉不寧惟是振乏周貧急難掩
骼埋胔之畜金已棄之裹五雲而仁矣捨地以

瘞貧骨建祠以棲正神開閣譯文施藥濟衆五雲
而義矣甘四壁之貧薄五斗之粟性不善貸而公
私無負五雲而廉矣周情孔思雲心月性著作足
翼聖經辭賦堪垂千古五雲而文矣應世事若游
刃譚世務如抵掌評人鑑明持身轂轉五雲而才
矣遡五雲之生平又豈第以孝名耶先是瑞雲呈
祥鸞龍示異今復三芝疊生天休兹至豈偶然乎
故孝芝賈張輩之所同也三瑞劉五雲之所獨也
而賈張輩又烏能與之比美哉曩者溫直指以行

可維風標其門洮中丞以三不朽題其室洮郡伯
稱爲經國之大儒陳銓曹尊以中原之盟主時雖
尚稽一第而名行固已千秋矣雖然標榜常出於
相知之口是非難掩於匹夫之公扶節之民與夫
方舟之客匪勢可怵匪利可邀不期而集者趾錯
其門曰謀之野乃獲是役也視之搢紳大夫較重
也五雲行對
大庭奪韓侯之印大宗伯復珮其行以聞則芳名永
垂竹帛矣余爲同榜且叨朱陳之好知五雲者最
穩故畧述其槩以備太史之一助云

記

濟南府治記

明臨川危素撰

天子卽位之二年勅海內郡縣皆建公署仍命定圖式示四方事竣俾刻史以紀歲月于是濟南爲治成郡中耆儒乞言曰吳元年天兵下濟南居民安堵如故明年建元洪武崔公亮實知府事三月率僚佐視事于舊治時庾倉未備遷建三倉曰廣盈曰廣運曰廣積因修城堞其東南之偏大鳩工力不日而就是歲以奔母喪而去又明年正月以廣信陳君修東守郡二月遵令式置公署時舊治已爲按察司乃因驛舍之在浮屠開元寺者徙而葺之則事易集而民不擾經始于三月至六月廳成扁曰敬事堂後曰琴鶴堂其各廳并架閣庫列于兩旁更區宅于後爲屋千餘楹屋瓦鱗集驛舍則徙于東祠城隍于歷山之上仍修築西城千五百丈以紀崔公未畢之意且山東自兵燹之後獨濟南賴天戈所揮休養生息而兩公堂造邦之初均工役而民無怨可謂知爲治之本歟故書

歷城縣題名記

明知縣高大經撰

嘉靖辛卯高子自蕭臺改令歷下越明年壬辰會修東省通志爲考昔之官歷者匪惟其政惟民與名絶莫存記僉爲惜之高子乃傳搆諸廢牘短桊士彥鄉耄得何令而下二十有四人遂謀於僚衆勒諸石以永勸戒仍虛其次以俟來者旣竣業僚衆曰章往於幽啟來於顯斯役也其不畔於義乎吾子盍申言之乃作而言曰君子修其職以自成也其自成惟民生其不自成惟民病且死厥惟重哉是故令有四善而守已不與焉視民如子者善愛處事如家者善理用財如已出者善節事長上以正者善忠斯四者民之所由生也令有四惡而褻慢不與焉黷貨者食民肉惡貪倚刑者殘民膚惡酷喜工者奪民業惡扂惠奸罰民者喪民心惡昏又有四似而矯激不與焉縱弛者似寬厚苛察者似嚴明急末務以悅長上者似勤勞違道以干百姓之譽者似惠利斯八者民之所由病且死也嗚呼四善予罔不畔違日力以求之而未能也四

惡四似予罔不出入日力以去之而亦未能也敢不懼哉敢不懼哉乃若先我諸令其善其惡其似予莫能稽惟民所思繼我諸令或善或惡或似予莫能量惟善是望僚衆曰嗟乎諒哉修職以自成取舍於斯足也諸書之以告

府學記

宋李邦彥撰

政和八年六月上親御翰墨作訓於四方多士以其詔屬臣邦彥使奉行之秋七月被旨揭示於大學暨辟雍仍著之石九月臣以職事進對便朝上諭臣曰前日詔書學者當職所以訓迪之意且暴

戾衆僻豈士人所爲臣頓首謝曰陛下興學造士澤之入人深矣孰不能惠上德而化之聖詔一頒歎舞丕應咸目喻而心成咨嗟誦詠者不可一二數積激而勸以義者慨然相先也蓋教育之道素明而禮義之感人若是其敏願詔儒臣作記以揚勵休蹟俾天下後世無忘其章越二日御筆委臣職之而臣疏逖一介擢長師儒毫末未報宸翰所及獎飾踰分眷任之意不替益專且不以蕪累取

玷上寵俾加序述惟是不腆末學固不足以辱命而載名其下有榮擢焉臣之幸也謹拜手稽首而言曰臣聞三代之學皆所以明人倫人倫治化之本義命之大戒焉士之所學學此者也上之所教教此者也政事之興風俗之醇皆原於此周監二代禮樂庶事備矣而教養之法加詳法象所示雲漢其章人才之成金玉其質拔奇取異序爵而官使之名正分辯咸懋嘉德故服事其上而下無覬覦羔羊卽儉正直之風有辭于永世知所以尊義而立命故也洎降叔末君臣信義之論兼名委質貳辟之責猶行區區戰國之間特以爲美談豈餘波遺澤燕及來葉而人倫之教在人心者未熄耶上以神明淵懿之資發揮前聖光大之烈厲賢崇一本學所以風天下而善萬世者三代不足進也雅謀弗臧卽底于憲而謀辭醇切必勤于庠序師儒之官宸慮所圖宜深且遠矣譬猶慶霄清明白日中杲有目有趾者待是焉顧非甚愚孰不知嚮是宜革心滌慮祗奉明德戒懼而不敢少易也嗚

呼士之取重於世者以義命在我物無得而移之故尊君親上之心常存而不喪背逐末者義以勝利欒于時者命以欲滅陵夷漸漬始失其常心越乃誕作在僭矯誣之行而階之爲禍屨校之施金杞之戒罔不在厥初則天心仁愛之篤形於詔諭其爲惠可勝旣耶書曰王言惟作命不言臣下罔攸稟令夫以九重之近幹制四海之遠德音志慮非言弗宣臣所當奉周旋靡遑夙夜刻奎章洛畫布於上下而又勒諸翠琰垂範將來顧曠敢不力

績文未工愧無以形容聖作之萬一然告戒之嚴委寄之重尚俾來者忽怠於成以奉揚丕顯休命于億萬斯年之永則是記也豈特後上之賜使後世歆豔其美而已哉

濟南路廟學新垣記　元張起巖撰

濟南府學在大明湖南規制如魯泮宮夏秋雨集垣易圮至元六年庚辰秋八月山東憲漕總府告朔於廟憲副珊竹忽里哈赤知事李彥敬顧瞻郁文堂北牖坯堆積問其故學官對以儲之待補缺

垣於是僉議垣旋圮旋補壞疏而善摧紆回而弗整暫完而鈌役煩而擾何若撤其舊垣審勢夷巇引繩取正憲司總府議既允協府監尹倅屬謀之郡人之尚義者度垣之高下廣袤則垣廣千二百五十二尺高可一丈六尺廣四尺以石築地其垣墉以污白堊覆之以瓦崇整完固過者爲之改觀他廟學所未有也府學教授戴思恭宜有記來請於余余謂學校之設所以明倫造士繫於風俗治道屬功成治定承平之時爲先務者莫急於此自

古在昔建國居民教學爲先蓋教學立則人倫明成德達材者衆而親親尊尊忠孝禮義信讓之在人者莫不興起風俗之元治道之隆於是乎在謂爲承平之先務者非泛論也或者慮不及此視學校之教若無與于已以所生廩膳爲徒費以講授問學爲可緩以廟學脩完爲非朔望丁祭不失期會取具而已以爲繫於風俗治道者幾何人哉濟南山東上路齊魯都會憲漕二千石三大府治所在焉民物集聚則其表率視傚實風俗治道之權

興也刱學廟隆替又表率視傚之所先今憲司總府於廟學垣墉其整飭猶若此則其明倫崇化興學育材繫於風俗治道之大者可見也余故不辭即其實而爲之書

歷城縣新遷儒學記　　明提學畢瑜撰

歷城縣學舊在府治之北縣治之東臨巷頹然數楹不蔽風雨成化戊戌春有司旣煥新郡學知縣事賈宜暨教諭婁偉訓導古冑謀更新之與郡學並一日率諸生來言縣治東北有空閑公館寬廣爽塏宜易之余時偕布政使阮公勤按察使李公

益等躬往視焉僉曰宜請於

朝而遷焉適巡撫許公進下車之初憲度一新尤惓惓以興學爲務乃命縣丞游寬董其役復市學旁民居闢而廣之前爲學門儀門中爲明倫堂後爲講堂皆因其舊而易以扁東西弘建兩學堂之東構宣聖殿及鄉賢祠祠後環列號舍以居諸生講堂北併列學官之居而凡倉庫庖湢之所靡不畢備以卑陋爲高明化朽腐爲鮮麗觀者嘖嘖嘆賞

以爲盛舉肇工于是歲六月之吉至仲冬始成于
是甲午冬奉
命督學是邦嘆斯學凋敝已久今一旦獲徙而新之
蓋知凡物廢置有時斯文興作在人豈偶然哉爾
諸士朝斯夕斯尚當因而徙其善新其業養其性
而約於禮收其心而進於道剛者矯而異邪者正
而中鈍者攻而銳昏者發而明聰者變而通舍明
乎道德之英華沐浴乎詩書之膏澤日新又新徙
之又徙使人不於學改觀而於諸士子拭目改觀
以無負
朝家作養之恩賢侍御剏建之美意諸藩臬暨良有
司作興之盛心是乃所望余職學政故特記之且
俾凡助力者並列姓氏于碑後用以告夫來者

濟南府學敬一亭記　明憲副夏寅撰

成化癸卯予領山東命太子太保吏部尚書尹公
謂曰濟南學廢雖完修而未有記子其爲我圖之
既至適按宋公經謀于藩臬諸公作新學較益務
完美右建鄉賢祠以祀左之文昌增兩廡像龕樂

罷設二大屏于戟門外又于街之東西立二牌曰鍾英曰毓秀使諸生來者聳觀焉蓋自成化丁酉巡按梁公澤以太保公命協謀方伯陳公儼既叅勤長憲周公晟提學畢公瑜憲副石公渠後益以巡按許公進長憲李公蕙悉任同知徐宜董其事凡增大成殿廣兩廡建戟門欞星門饌堂明倫堂庖廚庫房師生廨舍以及堂後環碧亭爲間百有五十丹墉綠甍壯麗宏休其間聖賢藏座章服樂器咸一新爲歲己亥落成甘露降于文廟柏樹者三斯實聖靈慰懌而天滋臻也諸公雖皆代去然成績在學例得類書而尹公波引後學思惇教化之盛心則固諸士子所宜體悉而奮庸者也因爲之記

縣學重建尊經閣記略　　歷下楊衍嗣撰

歷城學宮舊有尊經閣在於明倫堂後所以貯經囊崇聖教也柰歲風礎雨積之歲月輙爾傾圮前署諭胡公謙所以與之邑侯吳公慨然捐俸以助而鄉大夫以籯金來助者復雲集焉不期月而厥

工告成墻則易土而甎臺則易甎而石五間四楹二層两室悉如舊制其雲窓月牖之玲瓏闌楝虹簷之壯麗則視昔有加焉是舉誠可謂知先務者矣是役也經營于癸亥之春落成于是歲之秋方將勒石以垂不朽適吳公遭風木之悲而胡公隨亦遷去南山片石且偃卧綠蘚中矣幸今邑侯呂公署諭楊公乃謀所以立屬余記之葢將以紀盛美垂獎勸也

重修舜田門城樓記

太梁艾俊撰

濟南舜耕地也泰岱踞其前濟水抱其右風淳俗美尚學務農故歷代文人顯宦以道德政事稱者多出其間春秋而降為郡為州沿革不一惟

皇明混一之初革元之治置布按三司而附以府運衛縣遞來分封於此遂改都司為藩府焉舊有土城年代無考洪武四年始設磚石甃砌周圍一十二里四十八丈高三丈二尺闢四門東曰齊川西曰濼源南曰舜田北曰會波俱有子門惟會波不設城角及門建有一十三樓或新或修歲分久近

獨辟旧之樓柱腐瓦解日就頹圮非一日矣成化戊子錢塘張公珩以侍御出僉東臬總六郡軍政公有守有爲郡邑皆仰如神明政暇顧瞻樓敝而嘆曰此吾分內事也不新之曷克稱保障黎元之地哉乃謀於同寅修之未幾樓成直一郡之壯觀也是役也郡憲主之張公倡之諸公開誠勸諭有司隨求備輸故勞雖大而從寬費雖巨而易完矣張公以保障吾民之盛心爲興廢舉墜之大務其德宏其慮遠斯不可忘爰命工礱石爲記竊惟春

秋凡用民力必書以譏之今作南門樓惠孚於人故民樂獻其力智周於物故工喜薦其技剏復積之有素使之以時是宜易舉而亟成也俊何辭以致其揄揚之美第觀是役無春秋之譏益重金湯之勢地利人和兩得之矣國之保障永永是賴後來爲政者又所當知也故書以記之

齊州北水門記　　宋曾鞏撰

濟南多甘泉名聞者以十數其釃而爲渠布道路民廬官寺無所不至潺潺分流如深山長谷之間

其滙而爲渠環城之西北故北城之下疏爲門以洩之若歲水溢城之外流潦瀑集則常取荆葦爲倣納土於門以防外水之入既弗堅完又勞且費至是始以庫錢買石儲民爲工因其故累石爲兩崖其深八尺廣三十尺中樹析爲二門扃皆用木視水之高下而閉縱之於是外內之水禁障宣通皆得其節人無後虞勞費以熄其用工始于二月庚午而成于三月丙戌董役者供備庫副使駐泊都監張如綸右侍禁兵馬監押佛懷德二人者欲後之人知作之是吾三人者始也來請書如故爲之書

貢院記

明大學士劉珝撰

山東重修貢士院經始於成化癸卯春正月以是歲夏五月畢工其爲月凡百有二十至公堂明遠樓則因其舊而新之受卷彌封謄錄對讀四所分列堂之左右其視舊廣三之一監臨提調監試凡三所咸有次序而供給所則置於堂之東南隅此簾外也簾內考試官校藝有房而增置者又六間

東廚五間至於舉子場屋舊嘗以蓆舍爲之乃易以板凡千二百有餘間嗚呼至矣先是巡按御史古莆宋公經以歲將大比詣院視之顧其隘不易於容衆即欲更闢廣以事弗獲既而左方伯戴君珙到不旬日即與謀之戴老成練事聞甚喜按察使端君宏輩又和之乃召其居隣者平其地值價予再倍得民人馬良等十四家廣八丈五尺袤四十餘丈遂成茲舉闢隘爲廣易舊而新煥然爲一方人才之壯觀作人之功不亦偉哉經乃走書京

師乞壽光劉珝爲之記嘗聞人才之產葢鍾乎山川之秀而其成也則又恒由於君子風聲氣習之參過天下古今而言也竊以山東爲古齊魯地山則泰嶽川則東海而孔曾思孟之遺風餘習千萬載爲不泯是以才士產於其間則夫善觀人才者宜以山東爲何如燕之角荆之幹妢胡之奇異吳越之金錫惟產得其地而爲才爲美人何爲獨不然今

朝廷設科目以網天下士而士之抱奇負異以人才

自命者罔不由科目進矣況山東雄藩密邇京畿尤非他方比者乎余以重修貢士院爲諸君作人之盛事既記其實而因以及齊魯人才之所以盛蓋不爲無本非誇也

至道書院記

明提學江右鄒善撰

歷城大明湖之陽舊有書院一區以湖南名因地也予視學政將三載每校閱暇輒聚六郡士之有志者督教之前後撫臺萬洲洪公蒙泉姜公代巡念山羅公樂軒周公皆雅意文教肘餽廩餼而藩

臬之長郡邑之良莫不協然相之於是請曰茲地實齊魯鄒會地變而至道吾夫子意也願以至道更之咸欣然以爲可乃進諸生而告之曰諸生知道之原乎本吾天命之性而罔或加損焉君仁而臣忠父慈而子孝兄友而弟恭道也晨興而夕息饑食而渴飲燠葛而寒裘道也故曰五者天下之達道又曰優優大哉禮儀三百威儀三千順吾之則而不離誠者其安而至乎察吾之則而弗敢離誠之者其勉而至乎叅以仁智之見與由之終身

而弗悟者其不至道均也或曰四海之人其心一
齊魯之初其治一而何變之異曰敬義貽訓始固
無異于禮信之風自桓仲急功利以圖强霸而太
公之俗則既易矣故禮信猶存振之即道誇詐是
尚更之可魯譬諸元氣未充餌參苓而可復風邪
既侵非先以鍼砭未易投之劑也雖然夫子之教
豈專爲齊魯設哉嘗博觀于天下其真純弗蝕渾
渾然未琢之璞而閒以振舉之方則罔罔皆魯也
朴散于誇真漓于僞侈然以徇名死權相矜詡而

習非莫覺皆齊也轉移之機固存乎上猶存乎下
上之人凝性命以一天下之趨而下即奮迅激昂
期以自復其性道固脩于上下之交成矣然文王
不數數見于天下待之而興則河清之俟人壽幾
何苟以豪傑自命將此志一立文不在茲吾又不
知難易之孰判矣是故蛟虎並害處之生罔矣而
一變即善人風愆與戒太甲之不惠禮與度蕩然
矣而一變即令主兕害不並于蛟虎敗不盡于禮
度奮吾天真以必往又孰得而禦之亦惟諸生之

自勵耳察吾人倫明吾庶物朝乾夕惕而不敢須臾拂性以違天積終食而日可至積終日而月可至三月不違顏之至幾乎聖矣從心所欲不踰矩孔之至純乎天矣此至道之極也亦吾夫子望齊魯望天下後世意也至于書院之沿革舊碑自在予不暇記云

湖南書院士田記　　明 廉憲陳講撰

自王教弛而後書院作所以萃雋專業倡道化而風學校也然猶取必於置田者何哉蓋匪材無以聚人匪養無以成教田者財之所出士之所聚教之所由成耳在宋白鹿石鼓岳麓睢陽四大書院

維時置田養士在地乘可攷矣今天下通省大郡必設書院未能久其教者無田故也山東本齊魯之國孔孟之鄉濟南又諸郡首善之地書院不重繫乎中丞大夫蔡公經胡公纘宗侍御張公鵬李公松先後撫按蘊邦茂弘化理申勵人文迺下濟南守司馬泰相於大明湖濱改剏佛宮作湖南書院遂問田於歷城得景陽廣平白雲三湖官田剏

附百二十頃以贍諸生名田書院士田又屬副使姚君文炤剩量裁酌準田之入約士之費月給有等又推其餘以逮兩學之士凡少不克娶死不克葬者亦覃厥施焉由是齊魯之雋彬彬萃止橫經執業如泥在鈞如金在鎔嗣以歲月駸駸有造矣司馬守列其田數勒諸鉅石以昭久遠諸公臨其其堂指石以誨諸生曰二三子獲卒業於書院者非以有是田歟請以農喻學可乎爾試覩歷山之田莫如三湖百夫所授播之皆同而不能保其皆穫者何哉無亦以天時人事之弗齊歟然老農不以水旱輟耕是惟修而已而弗徼利於天也故君子之學以仁義爲田以誠敬爲耜以克己爲耘耔以樂業爲澆培全心之種函然而生養善之苗裒然而達充之稀一身廓之保四海不亦力穡其有秋哉苟或暴殄以伐性淫僻以蕩心掇支詞以撤本摘聲華以先實是不殖則落矣故不秀不實尼父所以示戒勿忘勿助軻氏所以致警二三子勉之學校之士將相觀於爾矣愼勿饗歟爲老農所

咻哉諸生再拜曰命之矣予從旁喜聞其說遂退而作記時嘉靖丁酉春望日也

劉子曰置田養士當日之盛心也今書院毁矣養士之田歸之烏有矣獨有一片玄石尚在耳讀是碑者獨不穆然以思

許王二先生祠記

吳越人沈應奎撰

歷城之明湖水亭東北隅舊有忠節許先生祠死宸濠之亂者也其南有薛王二祠王郎開爵新建謚文成靖宸濠之亂者也二先生并抱戡定偉畧

並世而處並與豫章之亂一死亂一靖亂嗟乎天生賢豪豈有所豐嗇其間哉各受所荷擔各隨其荷擔之不可觧脫處吾畢吾事而已天寶之季張睢陽郭汾陽二君子非乎讀史者多扼捥睢陽嬰孤城當孽胡之震江淮百戰直令壯士怒髮卒以轉餉之絶烈烈飲胡奴之劒血以死無何而汾陽橫戈奠唐社矣豫章之發難也忠節職偹兵而實無兵柄也逆濠脅之以兇焰當日事惟有一死故公引頸受鋒刃而逆順之分明忠憤之氣激文成

公等乃得不須甲而摧逆濠之師易若覆掌千秋下豈以成敗爲四君子評耶沈應奎曰許公忠節歷城武定之戰功萁睢陽伍也汾陽文成之勳業難易吾未暇備論若汾陽之忠誠慱大善處功名間文成之俎豆干戈更自開拓道脉四君子者令季世而得一輩焉足寄荷擔茫茫宇宙誰與適歸瞻仰遺祠可勝浩嘆因愴惋而托之吳謳爲吊古一章天地有間氣豪賢乃挺生生遇清宴時羽翼登休明世當百六數旋頭起戰爭天寶羯胡震武

廟宸濠轟日月幾昏閉江海奔長鯨烈烈許忠節當之怒目睜委捐七尺軀談笑甘鼎烹古越文成子怒髮衝其纓義旅斷長江轉戰無前旌呼吸逆濠殪帶礪千秋盟死者豈沒沒雙手綱常擎朝華憐腐草玉碎完吾瑛蹈仁與履義何必與公卿回首痛睢陽徒令人怦怦徙倚荒祠下風塵無限情

舜祠重修記

明侍郎薛瑄撰

有大聖人之道而功被於天下萬世者固以爲天下萬世之所崇奉若濟南之有舜祠是已舜井歷

川史記以山在河東今濟南亦有歷山故後人因以立舜祠焉夫歷山之地不足深辯獨舜以大聖人之道功被天下萬世人得而知之則濟南立祠以致崇奉者夫豈過哉正統初瑄以菲材濫官山東憲司嘗進謁祠下因追仰聖道數千載之上今去濟南二十餘年矣方以老病退居河汾山西憲使王允郡人也乃以書來曰吾濟南故有舜祠歷年滋久木朽腐瀬不可以妥神謁虔天順二年撫臺年公富因謁是祠見其圮剥之甚是謂藩臬官

僚曰舜大聖人也是郡之人既立祠以崇奉而屋宇弗治如此幾於慢矣曷圖所以新葺之于時歲値火豐未可興事又二年爲天順四年歲既連稔民生亦舒于是都憲涓藩臬以濟南守陳銓才可集事俾董祠役銓量才計工皆取之帑餘在官而民不知擾自殿寢廊廡以及外門次第俱新宏廣壯固皆有加于前將又擴其隙地繚以周垣幽邃清洁允稱神棲始事于是年之正月逾月而工訖由是官民大小咸慨瞻依夫斯役也實乃崇奉聖

神而有關于世教不可無辭以記其事敢丐文俾刻之石以垂永久瑄念數十年前旣嘗謁祠下而追仰聖道今茲之舉固宜有言夫舜之所以爲大聖者以其爲人倫之至而精一執中乃萬世道統之源禹湯文武之君臯陶伊傅周召之臣孔曾思孟以及周程張朱之聖賢雖行道明道之功不同而其相傳之心法實皆遡其統是其功被於天下萬世者曷以竆極哉今

聖朝方以有虞之道治天下薄海内外咸底休風然

則是祠之新匪徒崇聖道于徃古實有以仰若

聖朝爲治之意是誠有關于世教也遂書其事俾刻之

齊州閔子祠記

宋蘇轍撰

歷城之東五里有丘焉曰閔子之墓墳而不廟秩祀不至邦人不寧守土之吏有將舉焉而不克者熙寧七年天章閣待制右諫議大夫濮陽李公來守濟南越明年政脩事治邦之耄老相與來告曰此邦之舊有如閔子而不廟食豈不大闕公惟不

知苟知之其有不飭公曰噫信其不可以緩於是庀工爲祠堂且使春秋脩其常事堂成具三獻焉籩豆有列儐相有位百年之廢一日而舉學士大夫觀禮祠下咨嗟涕洟有言者曰惟夫子生於亂世周流齊魯宋衛之間無所不仕其弟子之高弟亦咸仕於諸國宰我仕齊子貢冉有子游仕魯子路仕衛子夏仕魏弟子之仕者亦衆矣然其稱德行者四人獨仲弓嘗爲季氏宰其上三人皆未仕季氏嘗欲以閔子爲費宰閔子辭曰如有復我者則吾必在汶上矣且以夫子之賢猶不以仕爲汚也而三子之不仕獨何歟言未卒有應者曰子獨不見夫適東海者乎望之茫洋不知其邊郎之汗漫不測其深其舟如蔽天之山其帆如浮空之雲然後履風濤而不僨觸蛟龍而不讋若夫以江河之舟楫而跨東海之難則亦十里而返百里而溺不足以經萬里之害矣方周之衰禮樂崩弛天下大壞而有欲救之譬如涉海有甚焉者今夫夫子之不顧而仕則其舟楫之足恃也諸子之汲汲而

志迈盖亦有陋舟而将試焉則亦隨其力之所及而已矣若夫三子願爲夫子而未能下顧諸子而以爲不足道也是以止而有待夫子嘗曰世之學栁下惠者未有若魯獨居之男子吾於三子亦云梟曰然退而書之遂刻於石

閔子墓記

邑人劉勑撰

魯一人聚徒三千振鐸泗門上弟最著者則閔夫子其人惟孝能格親故德行與顏子同科至汲上之役辭不往矯矯風裁又孝之所移也千百世抱

同心之契者竊忻慕願執鞭焉墓在歷東南三里許有司春秋脩祀事自萬曆卯辰東大祲人相食殿宇爲草莽塲墳塚爲狐狸窟遺像挺然于風雨之中無過而吊之者圖冠方履夫非聖人之徒與胡黃冠緇衣之不若也兩大人墓去是僅三舍余廬居時朝昕經於斯見而濡裳者久之乃嘆曰孝哉閔子篤何生披蘆花之服死卧枳棘之茵也與門人九賢張比部謀脩李中丞長庚畢直指懋康吳郡伯纘敬各出金錢佐之俞縣幕守仁董其事

不數月而廟貌煥然焉十餘載於兹風伯飄虐雨師摧垣樵子傷其薪木余心惻惻焉而力不逮一日見邑大夫吕公進一語公慨然曰吾宰歷學宫鄉舍道路橋梁靡不脩葺況吾實爲之徒而不爲閔夫子新一宇令也謂何于是鳩工庀材不匝月而告竣且爲之大其制焉説者謂先賢有靈足以動令而不然也蓋世有聖賢人後與聖賢親與聖賢親後有聖賢事吕大夫身居單父之堂食卅西山之蕨洵聖賢人也故聞以片言成以不日毫不

煩民力而俾先賢得妥靈地下是役也豈所望于今之君子哉按志有閔子書院曩者余建一講孝堂一所著忠孝二經朔望講於斯以醒世人耳目仍獻之

闕庭時逆璫爲政卒置焉不行矧氓蚩哉大抵世以文章取士而靳於德行之科故孝者聖賢貴之世俗之所賤也賤德貴藝世道尚可問乎予與氏曰聖人百世之師也行乎百世之上風乎百世之下使世之爲人子者過此墓而憬然思翻然省竭力

以事二人將移孝爲忠國家收眞儒之用則今日之役其所以羽翼綱常扶持世教者豈淺鮮哉大夫諱黄鍾字初陽山西澤州人中乙丑榜進士自魚臺調歷居二載大有廉名因勒石誌之崇禎二年己巳中秋之吉

閔子墓并建祀記

邑人劉勅撰

閔子名損字子騫魯人也於處變見其孝於辭費見其節而孝尤著數聖門高第者指不一二屈昔開小清河于華不注山下得石棺啓之詩云孝哉

閔子騫死後葬黄泉幸遇黄太守起我在高原去縣三里許是爲今墓其石棺猶在華不注之麓熙寧七年濟南太守李公始爲宇以祀焉蘇潁濱先生爲文記之郡青衿而講孝青衿士亦多卒業於斯故又有閔子書院云我

朝於附近地編爲閔孝里春秋爼而豆之賢有司亦時爲脩葺今

上之乙卯二東大祲人相食其殿宇盡壞于宵人之手余每過而吊之輙心惻曰浮屠氏一夷教而猶

珠宮梵宇相貫於中國吾實爲斯文之後而使其
墓蕩然曾夷教之不如乎昔陽明先生云國有祀
而不脩有司之責今公帑空匱安敢有司是望先
是邑侯張公巽明建祠于城中徐行及墓遂權此
部去余一日語門人汾陽令張論九賢者九賢圖
吾夫子倘首事頗効一臂力于是余告大中丞李
公長庚公許之且移書直指畢公懋康共爲金粟
之助于是藩臬郡縣及諸貴人暨里閈之好義者
皆隨多寡爲之乃司經營而縣幕俞公守仁則董

其事爲殿一肖像于茲而祀之余爲一聯云殿宇
重新千載清風隨汶水泉塋如故一泓冷月伴蘆
花殿之後爲堂三楹題其額曰講孝堂余爲一聯
云入廟覩閔閔之象自覺錫類無窮低頭動脉脉
之思便知獲親有道因延里中碩儒李論應聘者
三人朔望日講余所著孝經一篇俾願聽者聽之
所費悉自余出廡二一曰閔閔齋一曰蘆花節青
衿有志者俾其卒業于中儀門一扁曰閔子祠壁
一置舊碑于其上碑云費公閔子墓閔子辭費去

汶未識胡以費公贈緣係舊物故存之垣墉之勤者三百尺其墓復增而高焉塗既丹雘拮据數月而廟貌煥然矣乃復代耕其贍田六畝爲兩蒼頭卒歲之計以守是宇猶有頭門重牆與夫官廳號舍之類雖爲未完而後之好義者亦可以次第舉故磨石記之又嘗考志宇内之有閔墓者三一在徐之蕭縣一在范縣大都古人葬采書諸物皆封爲墓擬石棺之詩則此墓爲眞此墓存匪第崇賢亦可以風孝也嗚呼是役也所藉于中丞公諸顯人者什九所藉于里閈諸君子者什一余經營畢戢始有成績信大厦之成非一木之支哉于是布金諸君子刻名于碑

新建八蜡廟記

明邑令張鶴鳴撰

古之吏權在我今之吏權在人制古吏法簡而吏淳制今吏法密而吏澆漢吏至長子孫一切便宜嗣其報政三異五袴之盛非獨吏最蕩佚簡易風效然也今純吏惟三尺耳一有營建郎民脉理經薄文充架淯歲月而功不程上疑侵漁之藪下避

侵漁之嫌誰具冠履而來盜之擬故寧隆典荒民袖手坐嘆郎賢者且效尤剡庸吏乎古者明王重蜡臘日聚萬物而索饗之曰土反其宅水歸其壑昆蟲無作草木歸澤明王非喜事而遂沓寘之鄉蓋千日之勞一日之澤順成蜡通以移民也予至歷郎尋蜡廟父老曰廢不記年舊址在城東景陽湖西今為墟墓場矣予説欲建而有不茸來盜之疑者新粲零積延及五年甫辦材集工郎其故址創為蜡祠損益盈縮皆已意為之毫不勞當事慮

嗟嗟予留意于蜡者也尚經營五年而方告成倘予視事一二年去則此意竟為畫餅矣蓋上以法求下以澆應郎予不得不以澆應之矣予幸在境五年倚舉茲典歷民始憮然知有報本反始息老送終之義因記歲月于石冀蜡之廢興有時而深感于古今吏不相及也

歷邑長汝陰張侯創蜡記　　邑人劉勅撰

考禮天子大蜡八先嗇一司嗇二農三郵表畷四猫虎五防六水庸七昆蟲八此八神皆有功於農

事者也歲成則尸祝而祈豐焉蜡與耤相終始蓋
天子至仲賔蜡子貢觀蜡黨正屬民則諸侯之國
庶民之鄉蓋亦有蜡矣歷下東廓外一里許有蜡
不知創自年風雨催其垣荆榛迷其址蕩然丘墓
場耳以故爾來土不及澤水不歸壑草木不登昆
蟲時作年不順成久矣令公一抵歷輒咨詢民瘼
凡可裨益民者靡不欲亟亟舉余歷邑盤錯糾紛
且上官毛委又動多掣肘長吏不得自由以故稽
遲五年始得經營于此諸父老尋故址見丘墓叢
集不忍發乃於静居寺東創爲之建祠三楹先嗇

司嗇農各肖其形若郵表畷若猫虎若水庸若昆
蟲爲位祀之一切營繕之費皆捐己有毫不勞當
事者工甫告成令公郎擢司馬尚書郎去矣嗚呼
今之作吏者大都逡巡如魁樸樕瑣尾不决一事
剥民肌骨胠篋以驕妻孥不當其事者委之分有
所拘郎當其事者又委之勢有所制取不切利害
者稍稍補綴而已令公抵歷以來凡歷年所一意
爲民亡論刑罰不忍殘民膏賦税不忍奪民食其

脩學宮立義倉闢沃田清軍伍因貧施藥敬寡恤幼以至䘏獨朽骨之類靡不留心且西脩龍潭以祈霖雨東建蜡廟以勸農功賢哉邑令盖不徒使百姓見德目下以沾沾一時盖爲宗社生靈計萬世也嘗覩功在社稷則祀之後世歲豊而想祈豊之制祀蜡而思建蜡之臣則令公常食報于先嗇之上矣此父老之不能恝然於公而俾余爲之記者如此公諱鶴鳴字元平號鳳臯潁川人壬辰進士起家是邑宜脩書

崇正祠碑記　明學憲陸鉞撰

濟南城東北十餘里孤峯礫立峩然而蒼翠者爲華不注山山陽峻宇繚垣欝然而盤桓者爲華陽宮宮據山爲勝泉深而谷幽幡幢鍾鼓震響林壑過者相顧嘆惜曰秀靈結融之地明神佛棲而淫瀆其祀曷表勝觀以式邦人嘉靖壬辰

詔天下毀淫祠於是有司議毀華陽值撫臺袁公鎣華蒞政爰秩祀典迺進藩臬諸君謀曰祀淫匪彛毀成匪儉匪彛典將廢匪儉民將戕盍存舊而新

之以正易涇傳曰先成其民後致力於神如之何維時按臺方公稽古禮文則復進諸大夫謂曰祀欲正報欲隆舉欲不費愼之哉鐵不敏從諸大夫後乃進而言曰余嘗登華不注有遺慨焉逄丑父之忠偉焉烈矣閔子騫之孝醇焉至矣華泉取飲脫君虎冢茲非此地乎而費之廟食幾爲華陽之墟矣余安得已於慨耶余聞古之君子生於其鄉則社祀勞於其地則邦祀死於其土則墓祀是故社祀以昭靈也邦祀以徵勞也墓祀以寧魄也思

不忘故也故祠之言思也過畫邑者必思蠋入孝堂者必思巨登華不注而不吊逄閔二公故忠臣孝子之思何諸大夫曰祀以崇報報以立勸忠孝臣子之大防也勸斯致矣余乃復起而言曰

明興百五十餘年士大夫以宦業鳴東土與鄉先生歿而祀于社者何可勝記然不曰有功德蓋六郡譽望起一鄉者乎是故名宦自鐵公鉉而下吾得二十一人焉鄉賢自黃公福而下吾得十有九人焉雖專祀一方奚其愧諸大夫曰禮以義起義協

則禮稱數君子逢閔之徒也可合以祀矣余廼具請於兩臺咸報議可遂易華陽爲崇正祠額者起之腐者新之有堂有門有廡有亭有庖有湢有龕有座其外圍以周垣表以石欞通以津梁引以川源其制嚴煥視瞻維肅其祀則逢閔二公居於中

國朝諸君子並列左右春秋歲祀著爲令云君子曰闡靈攄勝得其地抑邪扶正合乎經存舊爲新節乎費彝逸脩曠飾乎典景賢勵俗寓乎教一事而庶美備焉弗述將泯焉已乎戲無能爲役姑識其始末而系之說華山巖巖華水湯湯靈氣磅礴明神是藏翼翼新祠誰其作之顯顯中丞允維度之曰昔華陽龍宫赫奕彼淫弗剪正氣斯蝕正氣維何爲忠爲孝岳峙川流日星同耀忠不避難孝亦底豫捷捷哲人爲世砥礪坎其擊鼓俎豆肅雍神之降止居歆既同百爾君子有君有父式瞻永懷彝倫罔斁

許忠節公祠記

明翰林殷士儋撰

正德己卯宸濠反於江西許公以按察副使不屈

死之令
天子郎位首詔褒録贈公右副都御史謚忠節官其
子賜世錦衣衛正千户尋用廷臣議謂公死事尤
烈再贈禮部尚書後兵部覈奏云出東戰功樂陵
令時薊盜劉六齊彥明等起所至破城邑殺長吏
勢熾甚諸戒嚴辛未六月賊黨犯樂陵楊家店復
從海豐冠縣境八月賊僞劉七擁衆二千騎突至
縣南關餘黨以二千掠縣西黄庄當其時皆樂陵
令身率所練勇壯出奇設伏大破之請弩士襲追

射無不應弦斬首六十五級生縛其僞黨二十四
人僉事兵備武定時賊劉六楊寡婦大舉功利津
急僉事親督郡兵徃剿追及高苑斬首四十八級
賊刼德平引兵趨救德平至楊二店遇賊與戰一
鼓殲焉山東賊悉平計先後俘斬首虜二百三十
有奇奮獲被鹵口數器械無筭中功格當宜追敘
奏上特命加廕其子世錦衣衛指揮僉事
聖朝表忠勸功恩渥備矣休哉公初舉戊辰進士授
知樂陵有功超拜山東僉事奉璽書兵備武定賊

平兵備乃還分臬濟南復徙遼陽及遷江西遂自遼陽過濟南携家還留固陵而身獨徙流事盖自筮仕宦山東且十載戊寅抵江西逾年難作余蚤歲聞諸父老談許公不獨禦寇一事在樂陵與學造士平賦役息刁訟鋤奸釐儒弊俗丕變先賊未至繕城濬隍教民戰守且甚備推誠待下與衆同廿苦故人効死開府武定郡縣貪吏望風遁去諸與革裁劇軍民咸便卒經久可施行簡卒乘募勇畧選引强士訓習遠射製連挺闘械授攻擊止齊法卒用是勝士人至今習稱長技焉治濟南政先仁恕務盡下情數平反寃獄絶口不言戰功或問之遜謝不對謙厚不伐如此其平居治行敦大体不愧古循吏至用兵料敵決勝神妙不測能以寡覆衆雖史籍所稱元戎宿將知兵法者不能過噫當濠未反也設公得專行其志如山東時必能先機製變常使勝筭在我濠終有悍不及江西可幸無事矣謀格幾失令東俟變徙誓一死報國倉皇無策窮蹙而死者等公之初志豈遽止此已也

樂陵先有生祠武定有破賊安民坡公旣沒樂陵武定遂陽思公不已又各相繼于其地立遺愛祠咸若曰公有大造吾土祀典所列法施民勞定國禦菑捍忠公皆備之不以其死事江西盖語死事江西最著江西之人目擊其變故歎憤駭異惟死之重而才猷之畜事功之素多置弗論語功烈山東最深山東之人身被其澤故哀死慕戀惟恵之懐而過化殊區歷無茲久益篤不忘夫各有所感也濟南山東會城舊有崇正祠祀國朝名宦鄉賢通乎一省者公像矣嘉靖辛酉巡撫鎮山東朱公巡按漢樓劉公始從士民之請立祠湖南書院西俾專祀公巡撫高泉謝公石洲張公巡按容堂貞公谷南高公繼至咸樂成之藩臬郡縣諸君子同不胥贊祠有堂有廡有垣有坊几筵器具咸備遺像凛然瞻謁悚惕伏臘饗獻著焉悅懌祠旣成濟南守魏公裳書幣請記其事惟公精忠大節人人能知之能言之復何贅僭也東人也特表其宦蹟勛勞著于山東者俾刻于石以告來世觀者跡公

所能爲考其所不及爲盖深有足悲焉嗟嗟一死豈公所難一節何足盡公爰系之辭曰

蓀壁兮葯房繚蘅若兮廡瓊芳神宇鴞兮中州凜蘆風兮潚堂緪瑟兮交鼓陳湿羞兮酌清酤進紛拜兮延佇靈昭昭兮欲下乘風霆兮驂鸞螭扶㚢佩兮光陸離飈風遊兮顧懐慰我人兮永思繫大造兮東土多粤多歷兮年所欻去我兮安適嗟權分兮志沮惟慷慨兮成仁勵臣節兮終古泰山巖巖兮東海湯湯兮公名與高兮公澤與長神遊八極兮耀景光來不可知兮去何方東人哀思兮曷能忘千秋享祀兮垂無疆

三禱三應碑記

邑人劉勅撰

聞之天行之數無代無之所恃挽回造化者人耳故曰天地有憾聖人補之乃聖人亦有所不能焉吁嗟乎難哉唯是山東之國徼靈海岱故不膚寸而雲不崇朝而雨邇年祀事弗脩甚至海若棲神無宇遂致卯歲大旱寸草不生殺人相食逼國大亂當其時涖是土者豈不虔誠露禱然引躬自責

弗應也掩骼祭寃弗應也天人之際頓隔絶如斯吁嗟乎難哉迨辰秋稍獲孑遺甫有起色及春而二麥又告旱矣麥欲穡播種愆期中丞李公有憂之乃率厥屬禱於東郊簿尉小吏亦莫不胥効奔走禱之日雷殷殷自西北來遶祠壇而雨禱之二日則淋淋茸澍三晝夜不休千里霑足麥大獲禾黍盡播入夏則又旱雲卷金翹沙流石鑠較春更烈中丞乃迎靈石于充石至拜之轍雨苦未足又迎郭羽士于晉羽士至曰招雲拖雨固細事也第數應旱耳乃爲壇于明湖之干高數丈許羽士爲胡言呪水于上俄而雷雲暴起風雨大作淋淋不休者如春苗遂興豆亦播入秋又旱禾復槁豆半死飛羊滿空食無剩草時羽士禱于潁州復促至又爲壇于舜祠中一登壇而淋淋不休復如夏禾豆未盡之生意旋復勃勃而西成猶有毫末之望斷不至爲卯歲之祲矣士民手額懽呼環跽而問羽士曰爾何與風伯雨師雷公電女若期會也羽士咲曰此適然之遭耳劉子曰事有適然可一而

不可再此固禱則雨不禱則不雨再禱則又雨不禱則又不雨三禱三應捷于影響何其竒也語云造化在手萬化生身此其然乎抑亦中丞御史及藩臬郡邑諸大夫一念爲民之誠有岀于神符呪水之外也以古聖人之七年不可必得者而捷收于立禱之中洵所謂以人力補天地之憾者歟士民靡然徵余言而勒石以記于泉亭之上余聞昔人之歌曰父母育我田使君精誠爲人上天聞田中致雨山出雲倉廩旣實禮義申但願常在不憂貧請以此歌中丞諸大夫可矣中丞李公湖廣麻城人直指畢公直穎歙縣人方伯陳公浙江秀水人大參李公浙江鄞縣人兵憲程公山西武香人學憲王公福建閩縣人郡伯吳公浙江淳安人別駕魏公河南湯陰人趙公山西天成人司理張公河南睢陽人縣令張公河南永城人縣丞王公直隸青縣人杜公直隸贊皇人典史俞公浙江秀水人並列左方使後之人有感于斯將曰某某是當日之爲民請天者一遇亢旱必不爲天道遠不可

格而漠然坐視斯民之斃矣是役也又豈弟以愨奇云

建藥王廟碑記

邑人劉勅撰

夫穀以養生藥以療疾所從來矣昔孔子每飯必祭今世藉刀圭扶衰病而不祀及先代治藥之人報本之謂何方伯孫公善病每病藥即起于是獨俸錢爲一宇于趵突泉之于肖神農于上以岐伯帝藥王配之而雷公秦越人長桑君淳于意張仲景華陀王叔和皇甫士安葛洪孫思邈列于兩廊楙山合啗毫不煩民閱月而告成焉且治地一區以供黍粢乃屬記于余余因爲之記曰嗚呼藥難言矣天有六氣過則爲災陰淫寒疾陽淫熱疾風淫末疾雨淫腹疾晦淫惑疾明淫心疾莫不待起于湯熨鍼石之間故古醫師掌醫之政聚毒藥以共醫事歲終十全爲上十失一二次之十失三四爲下至鄭重也今之醫皆傭保負販之流明不辨寒熱平毒之性知不諳君臣佐使之法不鍼人血脉授人毒藥惟以倖庶病多其物以幸有功

譬獵不知兎廣絡原野以冀一人之獲寧不爲古名醫之罪人哉于是知今日之役又匪第報本已也實念醫政不明圖爲是祠使世知經方本草之所自出神聖工巧之所繇名則所以躋斯世于壽域者端在此歟雖然余又嘗聞之孔子曰春居蒼籠夏居密陽秋不風冬不煬飲食不脯飲酒不醉是良藥也不然口嗜滋味耳務淫哇目眩五色思慮消其精神哀樂殃其和粹香芳腐其骨髓喜怒悖其正氣一旦二豎居膏肓之間徒使醫人望而

却耳故語云上藥養命中藥養性然參朮芝桂湯液鍼砭不過滌洗腸胃驅除疾疢而已至于辟穀食芝拂旌霄崢又自有吐故納新之術在也豈可爲世俗道哉世之尊生者不求藥于醫而求藥于神不求藥于神而求眞藥于心斯得方伯公祀藥神之意云是爲記

重修演武廳記

巡按熊相撰

濟城之離衛里許有演武廳高若干丈深廣倍之所以爲蒐閱之所也廳之後有堂堂之側有廟其

制以次而設所以爲退適庖塲之所也廳之前爲露臺臺之前爲將臺所以居旗鼓申誓戒也廳臺之週遭爲教塲縱横若干步所以訓行伍簡技習也塲之外取榆柳樹之所以捍風于冬蔽日于夏休士馬也基與地所從來遠矣若輪奐完美壯可觀望可久望之而士卒生氣旌旗變色者則始于今之巡撫王公塑焉方公之至也六師南征供億浩繁頻年饑饉人民凋瘵公度支撫綏之餘曾未數月而忽成是功工計殆萬金計以千爲無所費民不知勞若墜之天而湧之地者公之經濟可知矣或者之意乃謂時方多事公顧於此汲汲焉若有所未喻者聞於公公曰治亂相倚伏文武必並用使江南素弗爲備何以奏鄱湖之捷而促逆藩之誅邪渺予不穀推轂時叨附家威敵乃其職耳武之不振敵或生焉如之何其威之敵之不威民靡定居如之何其附之不威不附在官爲鰥在命爲負如之何其可乎今附耒耜於書生委筆墨於農夫其不敗乃事者幾希矣以習之無素也而況

軍旅之倉卒尤足恐懼者哉故詩試師干易貞師律皆以此也矧山東濱海接燕氣剛俗悍䭾䭾必報枹鼓時驚子不見淄沂滄霸之虞劉而橫行者乎曾未一年而戎車四駕矣突然而生忽然而滅者蓋亦或本於是也予之所以汲汲者豈無謂哉予固嘗汲汲於學校矣學校以教文也茲以教武也孰謂文武可偏廢乎哉於是藩臬諸公進曰禮樂慈惠戰所蓄也教成而試之以閱其斯之謂歟都閫公進曰揚威振遠勝於無形於是乎有賴矣

居頃之又進而請曰是功也不可以不紀也乃書之以詔來者

大小清河記略　明大學士劉珝撰

濼清之區有河曰大清曰小清小清之源出於歷城之趵突泉中滙清濼孝婦諸水東北抵樂安高家巷達於海大清則濟水渠也自東阿之張秋東北抵利津富國鹽場達於海往年舟楫浮於二河商鹽徧於齊魯諸道水利鮮與爲儷自永樂初運塞不通水失其經一值天雨茫茫巨浸壞民田廬

弗以數計乃成化癸巳冬叅政唐源潔分巡海右言于撫臺年公曰今二河為患守土諸君子以頻年饑饉民不任勞為辭彼不知救荒之中有可以興利者役民之中有可以濟民者惠而不知為政惡在其為民父母也疏河之責某請當之敢告年公曰天下事當豫圖斯無患即率屬理之無食之民食之而役之庶上下兩得吾知若此必能辦此公遂躬任其責焦勞靡寧擁節宵征相覗地形令水工準平高下自歷城濬至堰鎮又至樂安小清通

矣自張秋濬至平陰之滑口大清通矣大小清既通水循故道退出鄒平等邑膏腴可耕之田數萬頃民大悅其河內脩淺又置潁水閘防溢置減水閘閘旁各鑿月河總疊閘二十有八濬通水路五百餘里於是青船入于濟濟船入于張秋人大稱便

標山記

元張養浩撰

綽然亭西三里有雙山曰標各廣四十畝童無樹林東西並峙皆青石壘矗勢陂陀可步而上接圖

其功請予文以勒於石用垂永久予不敏不能文然千載之心未嘗一日而不抱也因考究其歲月而繫以脩建者之名氏庶俾來者有所考焉則永貴之心與功將與諸君子並驅矣不然有觀以來則脩建者不知幾何人斯皆與草木同朽腐而蘇公諸君子獨賴永貴以傳況諸君子已逝矣又無所爲而爲之者也噫永貴之心顧可以一世而目之哉是爲記

關王廟記

山東齊川門外一里許舊有關王廟規制隘庳歲久圮壞弗稱正統巳巳春憲使陝右張公鵬過而遍覩中心惻然乃謀之布政司洪公英等闢其地而鼎剏之中爲廟三間以妥神像前立香亭又前爲儀門三間外則圍以周垣總作雙扉而扃鑰之歷夏越秋工乃告成屬鼎爲之記夫英雄豪傑之士得天地浩然之氣以生故其秉心堅正勇於有爲出必求真主而事之然後足以顯白於當世也方炎劉之不競郡英角立于王衛帝室之胄以杭

銳鋒之曹造次顛沛心終不渝觀其師次徐州先主既爲所襲窮迫無聊遂奔袁紹操乃署王爲將軍厚其禮遇之察王之心不肯終留多使張遼以情覘其去就王謂遼曰曹公待我極厚但吾與劉將軍誓同生死言不可食然須報效曹始去既而袁紹遣顏良圍王與操于白馬王揮其蓋獨馳匹馬刺良於萬衆之中斬其首還白馬圍解即自遺書辭去則王之爲人光明磊落此類可見及其歸依先主地無一城衆無一旅而欲與之徒手以戡

老瞞而復炎祚此其不料強弱之勢蓋其忠義之心有不可遏惜乎天不假年功不克就豈非漢火之不復然哉然使老瞞終身不敢去臣位者由王之忠義足以愧其心是以廟食天下于無窮焉則今諸公所以協心致飭其廟貌者固將範其忠義爲永久之圖抑將俾是方士民謁祭于廡階者瞻其英威睹其介冑悚然如拜王於三軍油幢之下可以銷其奸邪之蘊作其勇義之氣則於國家風化豈小補哉

濱國公張文忠祠堂碑　　元黄溍撰

故濱國文忠張公家濟南别野在歷城縣北十里㟧山之陽號曰雲莊公自參議中書省事退休其中者垂十年至治泰定間詔使沓至皆堅臥不起文皇御極以翰林侍讀學士召未至改陝西諸道行御史臺御史中丞公乃幡然就道時公年甫六十到官僅三閱月而薨天曆二年七月壬午也始公嘗謂吾居雲莊而樂且密邇吾先世大墓吾死必以昭穆序葬而於是乎祠焉九月丙辰公嗣子

今秘書郎引遵治命奉柩以葬而以淸河郡夫人郭氏祔至順二年三月戊子乃作祠堂凢屋之爲間者四堂居其三而室居其一妥神有位物器備完歲時藏事饋奠惟謹以溍忝綴公門生之末俾有述以告來者溍竊惟公初尹棠邑撫人有恩用獄不失有罪能使豪強讋服而盜賊化爲良民爲御史則抗言尚書省不可立其變更法度易置官府奬厲天下且擅除御史大夫中丞非祖宗故事疏時政之弊萬餘言力排權奸幾蹈禍而不悔在

中書則諫止内廷燈山之戲卒以忠直受上賞暨
執法西臺屬關右荐饑一以荒政爲已任有禱於
神其應如響乃傾私槖斥公帑奏請大發錢粟下
輸米授爵之令用便宜通鈔法以來商旅由是人
始得食至於疾病死亡皆爲區處慮有司怠於奉
行則分遣察官臨視之委曲纖悉竭盡其力賴以
以甦者雖甚衆而公竟以憂勞悲感奄及於大故
隕星者公之無祿庸非天乎事聞制贈公攄誠宣

惠功臣榮祿大夫陝西等處行中書省平章政事
柱國追封濱國公謚曰文忠卹典之優異先帝憫
悼深矣公所務學致於實用而一語一默之細亦
無所苟仁宗時公居禮部爲侍郎尚書兩持文枋
克廣賢路深契上衷新進士銜刺來謁輒拒不與
爲禮書方寸之紙令閽人諭之曰但思報國無以
私謝爲也所譔著施於朝廷行於四方人莫不傳
誦之葢公之涖民政多卓異宜如循吏之立祠直
道以匡君而勤事以死宜如功臣之祭于大烝文

學議論存乎淑艾之私宜如先賢之祀於學固非其家所得而專也然以公居此爲最久從容去就之際聞者至今爲之咨嗟嘆息過而見其生平釣遊處池深木寒猶將低徊不忍去況登斯堂而仰公之遺風餘烈可使貪夫廉懦夫立其於名教殆非小補尸而祝之豈獨仁人孝子用以厚其親哉湣遂不敢辭而序其槩復爲銘以系焉公諱養浩字希孟世次官閥行事之詳有傳在史氏今又申勑詞臣勒諸石章昭揭墓隧矣非有關於祠事者此不著銘曰瞻彼樂郊齊山兩間山之幽幽水清且漣孰造公歸而止於此使者在門公不爲起止非無所行也以時大君有命賁然來思曰予赤子汝饑予哺燕幾當宁寬是西顧盡瘁以仕不有其躬神遊故墟有寧一宮公像在斯皇皇衮服生氣凜焉過者必肅

目塵洞小引　純陽筆

甲子之冬適有雅士携樽與餔遊于壁峯之下攀於佛首之間選奇特覩仙風履巉嵒之峻地登高

山之絶頂收大塊於寸衷是時忽風驟至黑霧騰騰寒雪逈面避棲洞中目覩其景之非凡恍若紫府之瓊宮平地之氷芝徧聳上天茸露常傾耳聆聲音之異常猶偲簫簧之凌空信無腔之短笛自鼓真不弦之瑶琴自鳴彼也樂罷仙境不記西東竟忘天地人我瞬動鸞輿逸情余想感彼臨茲乃洞之頽時轉去鑾予于是而此洞之隆運始興當至時左右惶顧不覺聯辭幾成觀其内面螺旋蝸結視其外苔草叢生余見欣賞不已又加感慨冲

冲傷寬齊地人士每彼名利罕籠未若蓬萊久居故扁目塵之名題罷金烏西鄹玉兎而又東生斯際天色漸曨隨命諸子送行自從臨箕在棻馨乙日是靡寧欲成峯頭功果奈其薄利難能次賴蘊起協力大功是以告成堪羡高士志遠不爲紅世縛纑真太上無爲脱化非宙内庸人碌生登涉自擔淸賞遨遊欲出凡籠邇來勃力修建伊心豈係于名故筆在跡銘記仙城爰命鑿鏤决垂永終

夢覺軒記

邑人劉勅撰

余素厭塵囂好林藪惟是僻俗東鄰結茆爲居編蓬爲戶散髮行坐自爲愉快一日醉臥柳陰石床忽然元神四出一化爲蒼顏道士跨玄鶴駕青龍餐霞飲露冷冷馭風乘槎雲漢逍遥大清卷舒造化斡旋斗柄出機入機惟其所命一化爲白髮老臣坐瓊車遊宮禁後擁前趨從者若雲重封累蔭天語及門咳唾成珠顧盼爲令爵置廢置惟其所定一化爲江湖散人揮素琴携孤劍考室五嶽乘杯三湘瞰懸宾壑凌摩諸天誓遺舊國賞窮江山

杖策尋幽惟其所攀一化爲風流少年乘雕車騎澤馬錦衣綺服出入花柳二八接武柔曼靡靡陽阿縱舞佩觴陸離狂歌縱飲惟其所爲亡何遽然覺曰人生之適足矣乃勃勃起舞有玄靈先生見而問曰子何樂以至於斯余曰人生寔好神仙慕通顯愛山水悅花柳余於夢中各極其樂故其樂如斯先生曰子之覺也果毫髮有諸身乎蓋人之在世猶夢之在寢也盛勢驕人羶利封已大言疏居曾嘗終夕轉盼皆空同於夢覺耳况乎夢中說

夢既假又假何其惑之甚也余乃俄然覺曰我知之矣跨鶴乘龍元神之誘我也瑤帶瓊車形氣之媚我也登山臨水知覺之役我也尋花問柳精魄之賊我也嗟乎太虛一神也握之則四根之則一耳惟是日與玄靈先生講長生久眎之術忘形去累止欲離食練元神堕支體黜知覺藏精魄如是者數閱月而蒼顏道士復入夢中漱我以瓊液餌我以金砂乘我以鸞鶴駕我以虯龍黃雲盤旋遊於方丈蓬萊之外三飧紫霞而後返比其覺也山

禽噪室白鶴呼庭余乃援桀而歌曰結茅宇兮湖水東大夢覺兮敢獨醒朝夕兮白鶴相從遊太虛兮駕蒼龍撫之長嘯兮孤松馭之以來去兮清風玄靈先生蹙然易貌改容曰子覺矣余因搦管記之而題其室曰夢覺軒